9788571510302
CB133841

EU
ADOLESCENTE

Lauro Trevisan

EDITORA DA
mente

****

Dedico esta mensagem
carinhosamente
à minha afilhada
Aline Beatriz,
no dia dos seus
Quinze Anos,
em 21 de agosto de 2001

****

Copyright by Lauro Trevisan
Editora da Mente: lançamento em 21 agosto 2001
Capa e desenhos – Agência Publicitá
Direitos reservados: pode transcrever textos,
desde que cite o autor.

EDITORA DA MENTE

Pedidos: Editora da Mente
Rua Tuiuti, 1677 - C.Postal 955
97015-663 – Santa Maria – RS – Brasil
E-mail: mente@laurotrevisan.com.br
Internet:www.laurotrevisan.com.br

Um adolescente pensando adolescência para adolescentes

(e para os que desejam saber)

Olá!

Eu sou adolescente, como você.

Sonhador, como você,
Desligado, como você.
Inquieto, como você.
Instável, como você.
Fanático pela liberdade, como você.
Apressado para descobrir o mundo, como você.

Sentindo a fogosidade do sexo, como você.

Com vontade de conhecer a vida fora de casa, como você.

Doido por fofoquinhas, como você.

Tomado de certos medos, como você.

Valente, como você.

Tímido, como você.

Ansioso por um bilhetinho atrevido, cheio de promessas e desenhinhos de beijos, como você.

Com temor da gravidez, como você.

Assustado com a aids, como você.

Rebelde, como você.

Querendo ser eu mesmo, como você.

AH, ESSES ADULTOS!

Não estou gostando nada da falta de consideração que têm certos adultos sobre a nossa idade.

Será que eles pensam que adolescente não tem cérebro?

Eles têm o dom
de nos considerar crianças

quando pedimos alguma coisa
e adultos quando nos pedem
alguma coisa.

Fico muito invocado quando dizem não, sem explicar o por quê.
Claro, já sei de cor e salteado a justificativa:

- *É para o seu bem*.

Ora, para o meu bem!

Para o meu bem o quê?

E bem de quê?

Eles dizem que a adolescência é a idade em que o ser humano começa a caminhar por suas próprias pernas. Agora, se a gente tenta fazer isso, eles correm a fechar a porteira.

Se quero independência
para abrir caminhos,
eles me seguram,
alegando que *ainda não é hora.*

Não sei qual é o relógio que eles usam para marcar essa tal de hora.

SERÁ QUE OS ADULTOS ENTENDEM DE ADOLESCENTE?

Eu pergunto, com a impaciência da idade:
- Que pode dizer
ao adolescente de hoje
um adulto
que viveu essa fase da vida
lá pelos anos setenta do século vinte?

Hoje tudo é diferente.

Quem sabe sobre adolescente é o próprio, sacou?

Os adultos brincam de entender os adolescentes.

Será que entendem mesmo
ou estão apenas querendo aplicar as experiências

que viveram há mais de quarenta anos?

A vida está lá na frente
e os adultos ficam aqui atrás
jogando conselhos
com a displicência
de quem atira milho
para as galinhas.

Eles, os intrépidos maiores de idade, que se consideram maduros e experientes, nem conseguem administrar o comboio deles, que vai aos trancos e barrancos e ainda pretendem ser guias da nossa idade.

Se mal e mal conseguem segurar-se nas pontas, como poderão entender o que se passa num garoto ou garota de 14 anos?

O adulto de hoje está vivendo como adulto e não como adolescente.

Conseguirá ele, como adulto, penetrar os labirintos da adolescência de hoje?

Ainda que mal pergunte, terá ele competência para tanto?

Como perguntar não é ofensa, volto à carga:

- Saberá o adulto distinguir a distância entre uma idade e outra?

Cá pra nós, eles são do tempo
da máquina de datilografia,
do telefone preto de parede,
do melhoral-que-é-melhor-e-não-faz-mal,
do carro que se estrebuchava a sessenta quilômetros
por hora,
ao passo que nós, os adolescentes de hoje,
lidamos com computador, internet, celular,
música da pesada,
cantores e cantoras internacionais,
coisas do terceiro milênio.

Não vivemos naquele mundinho parado de antigamente.

Hoje é tudo em cima
e a gente precisa ter cabeça boa para não entrar em fria,
tipo aids, drogas, gravidez,
violência campeando à solta nas nossas noites.
A gente tem que estar de olho,
porque *bobeou, dançou*.

O adulto viveu aquela adolescência do tempo dos desfiles de colégio,
do tempo em que se amarrava cachorro com lingüiça,
do tempo em que nem se falava em depressão e estresse.
É do tempo em que angústia, irritabilidade, insônia, ansiedade era *nervosismo*. Fulano está nervoso. Sicrana está nervosa.

Há exceções, claro.

Toda regra tem exceção.

São aqueles que não só falam ao adolescente, mas também conseguem fechar a boca para escutá-lo.

Sem dúvida, tem gente que entende de adolescente pra caramba!

COMO MUDEI!

Parei um pouco para dar um vistaço na minha vida.

Olho para trás, no tempo em que era criança.

Recordo o carrinho puxado pela cordinha, o carro-miniatura da polícia tocando sirene, que eu fazia passar pela minha estradinha de areia.

Depois, as peladas de futebol.

Do lado da minha casa
morava a Nelinha, de 5 anos,
que se divertia com uma boneca descabelada,
que era uma princesa.

A Nelinha possuía um fogãozinho
de plástico
com a chaleirinha em cima.

Andava pelo pátio metida nos sapatos da mãe, que pareciam uma canoa nos seus pezinhos.

Bom, mais tarde descobri a escola e aprendi um monte de coisas.

Comecei a me soltar mais, ser mais eu.

E o mundo se tornou bem maior do que o pátio da casa.

De repente, me vejo adolescente.

Puxa vida, como o mundo mudou!
Mudou o mundo ou mudei eu?
Adeus carrinhos de plástico e calças curtas!

Fiquei gente.

Gente que tem *cabeça própria*,

que tem *sentimento*,

que *sonha acordado*,

que se encabula mas adora quando dá ou recebe um *beijo*,

que *se imagina namorando* aquela garota loira da classe.

Virei sonhador e poeta.

Você percebeu que todo adolescente é poeta?

Na escola trocamos frases bonitas e sentimentais, como essas, que tenho no meu caderno:

"Quem tem um sonho e acredita nele
pode chegar a lugares nunca imaginados".

"É preciso escolher um caminho
que não tenha fim,
e, ainda assim, caminhar sempre
na expectativa de encontrá-lo".

"Às vezes construímos grandes sonhos
em cima de grandes pessoas.
Com o passar do tempo,
descobrimos que grandes mesmo eram os sonhos
e as pessoas pequenas".

Só mais esta, para não ficar chato:

"Devíamos lembrar-nos
que não somos os únicos
a encontrar-nos num beco
que parece sem saída.
Como uma pandorga,
que mais sobe
quanto mais forte é o vento,
mais fortes ficamos
quanto maiores
forem as dificuldades".(R. Brasch)

ESTOU À MINHA PROCURA

Atenção, se alguém
me achar por aí,
por favor me devolva,
porque estou à minha procura.

É que, às vezes eu ajo como criança, outras vezes como adulto.

De vez em quando, me vejo como gente grande, com jeito de maioridade e aviso que já sou adulto.

Daí a pouco, desejo ser e parecer criança,
ser mimado,
chamar a atenção para mim,
desejar que me façam as coisas
como nos tempos de pequeno.

Fico nessa gangorra,
sem saber exatamente pra que lado pender.
Nem peixe, nem carne. Nem terra, nem mar.

Num momento,
sinto ímpetos de seguir adiante,
de bandeira em punho,
cheio de brios,
com a decisão de um general de guerra.

Noutro momento,
volto atrás, querendo atenção,
querendo assistência,
querendo a presença dos pais,

me aninhando no abrigo da casa.

E fico nessa coisa de

"*não sei bem o que quero e nem o que sou*".

DESCOBRINDO *MEU CORPO*

Olho-me no espelho e cada dia me vejo em transformação.

Não gosto muito do meu corpo, que parece um tanto desengonçado.

Mas ele vai tomar jeito, eu sei.

Conheci uma garota que tinha vergonha dos seios e os apertava sob as roupas para ninguém perceber. Era uma novidade com a qual a menina não estava acostumada.

Às vezes, fico chateado com minha voz, que muda de tom sem mais nem menos. Mas já está quase no ponto.

Se há uma coisa que me chateia são as espinhas no rosto. Mas também, graças a Deus, elas são como aves de arribação: como vêm, vão.

EU GOSTO DE *VESTIR ASSIM, E* DAÍ?

Quem escolhe as roupas que vou vestir, agora sou eu.

Os adultos têm cada mania!

- Que mau gosto! – reclama minha mãe.

- Mau gosto?! Meus companheiros também vestem assim, ora bolas!

- Vai botar roupa mais condizente! – avisa meu pai.

Antes que ele termina de falar, já estou na rua, de mochila e tudo, para o colégio.

Já imaginou eu chegar na escola com roupas bregas e cafonas, como querem os adultos?! Nem pensar. Vou parecer um dinossauro.

Vestir diferente do grupo vira gozação.

Os adultos dizem que a gente não está usando roupa, está metido numa trouxa. Vá que seja, mas é assim que me sinto bem.

DIZEM QUE MEU QUARTO
É NINHO DE **RATO**

Outra coisa que os adultos implicam é com o meu quarto.

Minha mãe pega no meu pé todo santo dia:

- ***Olha a bagunça no seu quarto!***
Roupa no chão, pijama caído ao lado da cama,
sapatos no meio do quarto,
livros pelos cantos,
restos de comida na mesinha,
o que é isso, filho?
Não vê que seu quarto
parece um ninho de rato?!

Não, não vejo. Está tudo sob controle.
Vou pegando cada coisa à medida que preciso.

Quem é que inventou que deve estar tudo dentro de armários, empilhadinho como cigarro na carteira?

Mas a mãe volta a reclamar
e diz que roupa para lavar
tem que ser colocada no lugar para lavar,
caso contrário não será lavada.

No outro dia, tive que ir para a escola com roupa suja, porque não tinham lavado minhas calças.

Pensando bem, até que ela tem razão.

Não custa nada colocar no cesto próprio a roupa a ser lavada. Não fiz, azar meu.

Por que será que eu
não tenho tempo,
nem memória
e nem saco
para arrumar o meu quarto?

Eu sei que está anarquizado,
mas vou deixando do jeito que está
para ver como é que fica.

Até no resto da casa
eu tenho a mania de bagunçar o coreto,
jogando cadernos pelos cantos,
CDs nas poltronas,
aparelho de som na sala de refeições,
um caos.

Só falta sentar no fogão para estudar
e fazer comida no computador.
O pessoal em casa fica uma arara comigo.
Um dia a gente muda.

O problema é que querem que eu mude ainda hoje, de preferência ontem.

Com essa memória de galinha, vai ser difícil.

Meu irmão mais velho bronqueia comigo, citando uma frase de efeito:

"Sempre que há um folgado,
haverá um sobrecarregado".

Me deixou com complexo de culpa.

NÃO SOU MAIS O **MESMO**

*T*udo foi mudando quase sem notar.

Até pouco tempo, não faz muito,
eu adorava ter a mãe ao meu lado,
pegar um colinho,

ir com ela a uma festa, a um restaurante, a uma praia!

Era uma delícia!

Mas agora abri os olhos
para mim e para a vida.

Descobri que sou alguém
com vontade própria
e com *sonhos grandiosos.*

Estou fascinado por esse mundo fantástico que surge diante de mim.

Atenção,que se abram as portas, que eu quero passar!

Contei o que acontecia comigo a uma colega de aula e ela me confidenciou:

- É isso mesmo. Eu também não sou mais aquela pequerrucha que brincava com bonecas, casava o Boby com a Barbie e fazia a Susy dormir numa caminha cor-de-rosa.
Foi-se o tempo das bonecas,
se bem que, de vez em quando, me vem vontade de remexer no armário das bonecas e reviver o mundo da fantasia.
Mas agora meus sonhos passaram para um príncipe encantado de carne e osso, que encontrarei em algum lugar por aí.

Sou muito tímida, confesso, mas já estou olhando o rosto e o corpo de alguns garotos da escola. *Vejo os meninos com outros olhos, os olhos do coração e isso me fascina.* Essa mudança às vezes me assusta, mas acho natural, porque toda transição é crítica, desestabiliza o modelo anterior de vida.

Noto que às vezes quero mais espaço,
mais liberdade,
mais horas para mim,
quero me assumir
e, outras vezes, me sinto só,
com vontade de voltar ao colo da minha mãe e buscar seu aconchego.

As mudanças que me aconteceram, os seios desenvolvidos, a menstruação, o corpo ganhando novos contornos, a instabilidade hormonal, os altos e baixos do humor, o medo e o atrativo do beijo, toda essa reviravolta me dá o que pensar. Mas estou adorando esta fase.

Preciso Dizer *aonde* é que eu *vou?*

Coloquei os óculos coloridos para parecer mais velho, uma jaqueta de couro, calça jeans
e meti o pé na estrada.

Lá no calçadão da cidade
estavam *as minas* que eu queria descobrir
e lançar as redes,
se tiver coragem, bem entendido.

- Onde é que você vai? – Só podia ser minha mãe.

- Dar um giro pelas galáxias do cosmo sem fim – brinquei. É melhor brincar do que bronquear.

- Já estudou?

- Já. – Uma mentirinha piedosa, como dizem.

- Você sabe que suas notas estão a perigo. Rodar um ano hoje em dia é calamidade pública. Perda de dinheiro e de vida.

- Está tudo bem. Não se preocupe.

- Mas aonde é que você vai?

- No calçadão, ver as novidades.

- Antes da noite esteja de volta. Deixe o celular

ligado. Muito cuidado. Não faça besteira.

- Tudo bem – respondi, já um pouco chateado.

Caminhei vagarosamente
pensando que esse policiamento,
nessa altura da minha vida,
já está fora de bitola.

Agora, quem manda em mim, sou eu!

Não se metam na minha vida,
que sei errar sozinho.

Está na hora de saberem
que cresci e apareci.

Sou uma estrela de vida própria, ora.

Tenho que buscar meus caminhos,
fazer minhas experiências,
aprender na escola da vida.

Os tempos mudaram,
tenho novos interesses,
quero sair,
ver os amigos,
bater papo na praça,

ir ao cinema,
namoriscar por aí.

Dias atrás, eu reagi ao monitoramento familiar, dizendo:

- *Aviso aos navegantes*
que o mundo não é as paredes
da minha casa
e que existe vida além
da residência número 218.

- Você é ainda muito novo para fazer o que quer – rebateu minha mãe.

- Mas não sou a criança de
ontem. A senhora não notou
que os meus sapatos
têm número mais alto,
que as roupas também
mudaram de numeração,
que não caibo mais naquela caminha,
que o corpo cresceu,
que agora tenho idéias próprias?!

Contei, no colégio, sobre as atitudes
controladoras lá em casa
e a professora de Biologia sorriu e me falou,
lembro bem:

- Ótimo. Chegou a hora de você
assumir-se. Você está rompendo, com vigor,
os laços da infância,
porque infância e meninice
já eram.
Que maravilha você
querer ser você mesmo,
sem tirar nem pôr,
com suas vontades,
com seus critérios próprios,
com sua visão das coisas, das pessoas e do mundo!
Está formando sua personalidade.
Beleza, estou com você.
Você está no caminho.
E o caminho se faz caminhando.
Ninguém tem o direito de cortar o caminho.
Mas, tem um detalhe: já que você
se arroga o direito de ser dono da sua vida,
comece a usar a inteligência luzidia que Deus lhe deu
para distinguir entre caminho e descaminho,
entre estrada e atoleiro.
Outra coisa: não precisa pôr abaixo seus pais.
Evite romper com eles,
porque surgirão horas de decepção,

de sofrimento,
de atoleiro... e só seus pais terão o amor incondicional
de estar ao seu lado nessas situações.

Caramba, eu não sabia o que dizer
e ela continuou carinhosamente:

- Olho vivo naqueles que querem manipular você.
Você está pensando em contestar
sua mãe, seu pai, seus professores.
Mas ponha nessa lista
também os amigos que querem
obrigar você a ir aonde não quer,
a fazer o que não lhe vai bem.
Reage você com o mesmo rompante
contra aqueles que querem empurrá-lo para a maconha, o álcool e as drogas?
Sabe você ser dono do seu nariz
quando seus amigos querem levá-lo
para as casas de prostituição?
Posso fazer-lhe uma pergunta?

- Claro.

- Tem você conhecimentos suficientes
para evitar a gravidez,
a aids e as chantagens dos traficantes?
Você diz que é dono de si,
então firme sua vontade e sua coragem

e não se deixe dobrar pelos cabeças-de-bagre que rondam sua vida".

Fiquei pensando.

MEU MUNDO SÃO OS AMIGOS

Para mim, o que vale são os amigos.

Adoro meus amigos.

Eles me entendem,
curtem o que eu curto,
estão aí para me alegrar,
me contar suas aventuras,
me falar dos encontros secretos,
dos beijos e coisaetal.

Eles são da minha idade
e por isso fazem o centro da
minha convivência.

É bacana ter amigos.

Têm aquelas fofoquinhas
daquele garoto,
daquela loirinha,
daquele gay,
que só eles sabem.

Nós falamos a mesma língua.

Quase sempre temos os mesmos gostos
e os mesmos interesses.

É por eles que descubro o mundo lá fora.

São a minha família extra-casa.

É verdade que de vez em quando
a gente topa com amigo-cachorro,
mas não importa. Ele vai acabar ladrando sozinho.

Falo nos amigos amigos. Estes
são eu multiplicado.

Trocamos figurinhas,
nos ajudamos mutuamente.

Nem todos da minha turma
são amigos de verdade.

Têm os boiolas, os sacanas,
os aproveitadores, os exploradores.

Por incrível que pareça,
têm até caras
que querem mandar na minha vida.

Não sou nenhum idiota para não saber distinguir.

A minha vida sou eu e não eles.

Para falar a verdade,

têm certos garotos
no meu grupo
que são metidos a besta,
outros têm o rei na barriga,
outros são frescos e chatos.

Garotas? Umas são legais,
outras nem é bom falar.

Mas ninguém corta o meu barato: quando tenho que dizer sim é sim, quando não, é não. E fim de papo.

O que me interessa é a companhia de garotos e garotas legais, companheiraços sinceros e divertidos.

E VIVA A LIBERDADE!

Atenção, gente! Agora eu sei de mim.
Quero ser livre.

O mundo está aí e quero desvendá-lo.

Minha mente é
um grito de liberdade.

Meu corpo está pedindo liberdade para explorar as emoções e a sexualidade.

Meu coração está aceso de amores inexplorados e paixões indefinidas.

Liberdade. Liberdade.

A vida é um campo aberto, sem tranqueira e sem fronteira.

Quando falei a uma garota amiga sobre minha explosão de liberdade,
ela desabafou:

- Concordo contigo. Também chegou a minha hora.

Um mundo imenso, bonito, colorido,
está aí à minha volta,
esperando por mim.
As dimensões da minha casa
já não me contêm.
Eu sou mais, muito mais.
Ah, se soubessem como o meu coração está florido e perfumado, sonhando com algum príncipe encantado.
Lembras aquele garoto do primeiro banco da aula? É o máximo! Sonho com ele.
E aquele carinha que anda sempre
de boné virado, que gato!
Ontem recebi um sorriso especial
de um garoto de olhos azuis. Que lindinho!

Pois é, meu amigo,
abram-se as portas da liberdade,
que quero viver esse mundo encantado
que acontece no meu coração.
Assim como tu, meu amigo.

Às vezes,
eu sinto um furacão dentro de mim.
Outras vezes,
a vida parece um dia ensolarado,
feito de sonhos e aventuras.
De vez em quando,
acho que a humanidade está
andando às avessas
e me vêm a impetuosidade
de um grande ideal
para mudar
esse mundo virado que aí está.

Quando eu paro pra pensar na liberdade que todos nós, os adolescentes, queremos, percebo que os mais velhos se assustam. Ficam com cara de quem tomou chá de urtiga sem açúcar.

Até dou certa razão,
porque a liberdade
é a porteira mais aberta
que pode se pode oferecer
a um adolescente.

Os adultos acham que não há maturidade suficiente para abrir o portão e deixar tudo por conta da cabeça de cada garoto.

Ora, que há garotos
com cabeça de abóbora, isso há.

Que andam por aí meninas que usam a cabeça só para pentear os cabelos, também é verdade.

Eu vejo caras que não querem nada com a escola,
as aulas vão para as cucuias,
vivem pendurados aos beijos pelos cantos
e acham que ser alguém
é fumar, beber e fazer coisas alopradas.

Se há uma coisa
que me cuido muito
é andar no carro
desses tipos
que bebem desbragadamente
e saem a toda,
como reis da cocada.
Numa dessas,
vão se estrepar por aí.
O cemitério está cheio
de "Saudades eternas de quem
nunca te esquecerá".

Agora, por causa dessa gente pirada,
nós temos que pagar o pato?
Não é correto que o justo
pague pelo pecador – como diz o ditado.

A gente puxa pra lá, os pais puxam pra cá.

E haja saco para evitar que a corda se rompa.

Eu peço espaço, eles firmes no freio de mão.

Eu sei o que eles pensam. É o seguinte: "Se nós dermos liberdade total e acontece uma desgraça, vamos chorar a vida inteira, nos sentindo culpados, porque devíamos ter evitado isso".

Não sei o que dizer.

É verdade que a gente não sabe tudo,
que há muita coisa que os adultos
já sofreram na pele. E têm coisas
que conheceram pela experiência de outros.
Concordo.
Tanto que muitas vezes
ocorre um paradoxo: ao mesmo tempo
que desejamos ser livres e desimpedidos,
também fazemos questão de ser contidos pelos pais.
É mais ou menos assim

como se a gente
fosse – ainda que mal comparando – um
potrilho novo fogoso, querendo se largar a toda pelo campo e ao mesmo tempo sentindo necessidade que alguém segure as rédeas, pra evitar costelas quebradas e pescoço estourado.

Bem, chega de catastrofismo.

Mas diz o ditado:
Quem avisa amigo é.
Eu estou ME avisando.

Não estou chamando a atenção de ninguém. Por sinal, no mês passado chorei no enterro de um colega que foi esfaqueado na saída da boate.

Tenho uma amiga de 16 anos que está grávida.

O irmão de um amigo meu tem aids.

Quero dizer que o perigo mora ao lado.

Nem por isso condeno a liberdade e não vou ficar fechado no quarto.

A vida é pra frente. Então, vamos lá, de olhos bem abertos.

Vacilou, entrou pelo cano.

Eu sei disso e não estou aí para capotar quando começo o melhor da vida.

Não estou entregando as fichas.

Tem gente que pensa depois,
prefiro pensar antes. Só isso.

O GRITO DA INDEPENDÊNCIA

Hoje levantei disposto a erguer o brado da independência:

-Viva a Independência!

Abaixo a repressão!

Abaixo o monitoramento!

Sair quando quero.

Chegar quando quero.

Ficar com quem quero.

Fazer o que quero.

Se a mãe marcar horário para chegar em casa, vou atrasar quinze minutos, só pra me assegurar que sou independente.

Contei para uma amiga sobre esse ímpeto que me pegou e ela disse que está sentindo a mesma coisa:

- Já pensei muito sobre minha ânsia de independência.
É tão gostoso ser independente.
Ter a chave da porta na mão,
deixar de conferir o relógio,
desligar o celular,
dizer "Sim, estarei aí",
concordar: "Está bem, vou contigo".
Ah, que delícia!
Quero sair na companhia de amigas.
Quero ter muitos amigos,
praticar esportes, freqüentar barzinhos,
ir a danceterias,
determinar meus próprios programas.
Namorar às claras. Ficar.
Já não estou mais a fim de contar minhas intimidades para a mãe. As amigas me bastam.
Sou independente.
Viva a independência! Viva a vida!
Visto como quero, meto três furos na orelha e finco pingentes, corto os cabelos à minha moda, sei lá mais o quê...

Daí a pouco, minha amiga
passou a mão nos cabelos e
refletiu, para si mesma, em voz alta:

- **Bom, claro que entre dizer e fazer**

vai uma longa distância.
Acho que não tenho coragem para
tanta independência.
Quinze anos não é o fim da estrada.
Mas valeu como desabafo.
Acredito que ainda preciso das ponderações dos mais experientes.
Mas, viva a independência! Ao menos na vontade.

A garota silenciou novamente e comentou, franzindo os sobrolhos:

- **Será que é bom mesmo ser**
independente?
Muitos brigam pela independência
só porque os pais querem segurar as pontas.
Quando são abandonados
e soltos ao deus-dará,
não sabem o que fazer com a independência
e nem com a vida.
Têm a impressão de que estão caindo no vazio.

Parou um pouco
para tomar fôlego
e filosofou:

- De repente,
brigar pela independência
não significa querer realmente a independência,
mas apenas avisar
que tem gente pensando dentro daquela cabeça
que já não pode mais
ser tratada infantilmente.

Não me contive:

- Escuta aqui, você não está na base do oito ou oitenta?

- Sei lá, já estou confusa.

Aí me lembrei de uma história:

- Vou te contar uma historinha que me passaram na internet. É mais ou menos assim:

"Certo dia, um homem estava sentado num banco do Parque, quando viu surgir uma pequena abertura num casulo de borboleta.

Ele ficou observando durante várias horas o esforço que fazia a borboletinha para ultrapassar aquele buraquinho e chegar à vida do lado de fora.

A pequena borboletinha empregava todas as forças para romper o casulo e sair. Já parecia exausta. Então, o homem ficou com pena e decidiu fazer um gesto de amor para com o pequeno inseto: escancarou aquele buraquinho e assim permitiu que o animalzinho saísse facilmente, numa boa.

De fato, a borboletinha veio para fora,
mas o seu corpo estava murcho, as asas amassadas
e sem energia.

O homem continuou
observando,
muito feliz da vida
por ter ajudado o inseto.

Estava na expectativa
de que as asas finalmente
se abrissem de par em par
e o corpo se empolasse
para o vôo da vida.

Mas a borboleta jamais conseguiu firmar-se
e nem desenvolver-se naturalmente,
passando o resto do tempo com o corpo murcho
e as asas atrofiadas. Esta é a história".

- E aí, o que significa essa história?
- Pensa um pouco, ué!
- Amanhã a gente se vê – resmungou ela e foi embora.

Como é que ela não entendeu?

Para poder se fazer na vida,
ser alguém com personalidade própria,
vencer as dificuldades que acontecem,
a gente tem que enfrentar barreiras.

Se vai buscar a ajuda dos outros em tudo,
crescerá sem personalidade,
sem brio e sem coragem.

Também, se os pais não deixarem os filhos saírem do casulo e enfrentar as pedreiras da vida, estes correrão o risco de serem fracos de vontade, eternos maria-vai-com-as-outras.

Têm pais que passaram longos anos de trabalho duro e não querem que os filhos sofram as dificuldades que eles sofreram,
daí que fazem tudo pelos filhos,
dão dinheiro,
professora particular,
não querem que trabalhem,
dão tudo de mão beijada.

Querem romper o casulo para que os filhos entrem na vida sem esforço, sem batalhar.

Não percebem que estão criando filhos sem vontade própria, sem personalidade, sem força interior, sem brio.

Não se deram conta de que eles venceram justamente porque lutaram contra adversidades e não se entregaram.
Com toda a boa vontade,
estão criando filhos dependentes.

Que coisa mais horrível ser eternamente dependente dos outros. É não passar de um bunda-mole. É o cara que, se convidam para gazear a aula, ele gazeia. Se querem que fume um baseado, ele fuma. Se o levam para o mato, ele vai. Um atrofiado.

Conheci uma Maria-mole que não saía de casa porque o namoradinho, um pixote de 14 anos, não queria que ela saísse de casa. Que panaquice! Menina boba, você não é cachorra, para que lhe metam a coleira!

Eu quero independência não só para ir ao barzinho, ao calçadão, a uma boate, para ficar, mas também para estudar, fazer faculdade, aeróbica, natação, praticar algum esporte.

Ser independente e desandar a maionese, pra mim não tá com nada.

A gente tem que ser independente sem ser burro. Muito menos babaca dos outros.

REBELDIA

Por que a gente se torna rebelde?

Minha nossa, dá vontade de virar a mesa, tapar os ouvidos
e fazer o que dá na telha.

Tem explicação isso?

Não é uma coisa meio esquisita?

A gente pode ser adolescente, sem detonar.

Mas a gana da rebeldia acontece.

Parece incontrolável.

Conheço adolescentes que não pegaram esse vírus. Por quê? Sei lá!

Deixe-me pensar no assunto:

Quando a gente chega à adolescência,
os olhos se abrem,
surge à vista um mundo desconhecido
e a gente se entrega à aventura da conquista.
Olha pra frente e não quer saber nada do que acontecia atrás, quando a mãe e o pai e os mais velhos diziam o que fazer, como fazer, onde fazer, e fim de papo. Era isso e pronto. Sem mas nem mês.

A gente era totalmente dependente e necessitado.

A dependência
era necessidade vital,
porque ninguém nasceu
com Manual de Instrução a tiracolo.

Mas, chegou a hora de andar.

Tenho imensa vontade de fazer a vida por própria conta e risco.

E acontece o grito interior:

"Atenção, aqui tem gente! Eu, com Maiúscula".

Agora eu quero fazer o meu caminho.

Não me atrapalhem.

Não me mandem, que não sou mais criança.

Rebelo-me contra tudo que me lembra criança. E me revolto contra os que me seguraram até aqui.

Quanto mais alguém me pegou, me mandou, me carregou, me deu segurança e me protegeu, mais quero me ver livre dessa pessoa. Mais me rebelo contra essa pessoa.

Como é a mãe quem mais ficou ao meu lado até aqui, as baterias são assestadas contra ela e BUUUUUUUM.

Muitas vezes me arrependo das minhas grosserias, que causam tanto sofrimento às pessoas que mais me amaram. E me amam. E que amo também.

**Mas é o grito extremo
da minha libertação.**

Não sei porque precisa acontecer assim. Não consigo entender. E não consigo me conter.

Parece que se não corto o nó górdio do passado, não fico gente.

Fico impaciente, quero fazer o contrário do que dizem.

Quando paro pra pensar, ***sinto uma briga de foice dentro de mim: de um lado,***
está calmo e feliz aquele cara que fui até aqui;
de outro lado,
se manifesta o monstro
que manda canhonaços a torto e direito.

É por isso que, lá fora, sou simpático, prestativo. Mas dentro de casa mora o inimigo da liberdade e então........... ***fogo nele.***

Sai de baixo que lá vou eu, o herói dos sete mares.

Minha mãe, coitada,
ela representa o meu passado de infância,
porque foi ela quem ficou mais junto de mim,
então.... ***grosseria nela.***

Corto, sem anestesia, o cordão umbilical que me une ao passado infantil.

Pra mostrar que não sou mais aquele guri de outros tempos, faço o contrário do que aprendi.

Me protegiam? Não quero mais saber disso.

Me levavam? Não vou mais.

Me faziam obedecer? Não obedeço mais.

Me fizeram educado na mesa? Não sou mais.

Eu chuto o balde,
vou aonde
não querem
que eu vá,
faço o que
não querem
que eu faça,
saio quando
não querem que saia,
volto mais tarde
da hora que me pedem,
um caos na cabeça.

Mas é claro que não sou isso aí.

Sei que é uma idiotice.

Nem os animais fazem o que faço quando sou o rebelde da família.

Ninguém sabe, mas choro sozinho depois desses rompantes sem sentido.

É uma coisa inconsciente.

É um outro sujeito dentro de mim
que se rebela quando querem mandar nele.

Quero ser e não ser ao mesmo tempo. Fazer e não fazer. Amar e desamar. Ceder e dar duro. Um embrulho dos diabos.

Às vezes me invade
uma tristeza fria,
doída,
e me pergunto:
Por que sou assim?
Preciso fazer guerra?
Não dá pra dialogar
e chegar a um acordo razoável?

Têm vezes que lanço granadas pra matar um mosquito. E digo nomes, xingo, bato porta, uma esquizofrenia daquelas.

Aí entro em pânico e me arrependo,
que também não sou de ferro.

CAÍ NUM BURACO NEGRO

Agora eu não quero falar, não me chateiem.

Caí num buraco negro.

Eu sou o vazio. O zero.

Parem de me falar em estudar,
universidade, profissão, auto-realização, ideal,
ser alguém
e outras adultícies.

Não quero nada, não quero ser nada, só quero ficar no vácuo.

Me deixem quieto no meu cantinho.

Não me venham com conselhos, auto-ajuda, religião, psicólogos, nhenhenhê, que não estou a fim de porra nenhuma.

Olha aí os adultos, correndo pra cá e pra lá,
que nem mosca tonta,
pra conseguir o quê?

Olha aí. Olha bem. São
um monte de estresse,
de frescura,
de notas de cem,
se esbaforindo
pra ter uma droga de carro
e um apartamento
de frente pro vento.

Prefiro um chinelão, uma bermuda rasgada, um pedaço de praia, uma agüinha nos pés, nada mais.

Ficar aí se empanturrando de carne e cerveja à borda do precipício da churrasqueira, fazendo discurso pra surdos, ostentando na ponta do nariz o diploma que não encurta as orelhas e contando piada pra boi dormir, não tá com nada.

Olha lá aquele sujeito, com cara de defunto de sétimo dia, andando apressado, quase correndo, com uma pasta cheia de problemas nos papéis, feliz porque recebeu autorização para trafegar com seu carro em direção a um acidente.

É tudo tão ridículo!

E aquelas babacas que vão indo aí ligeirinhas para não perder o culto, rezar qualquer coisa do livro bento, e voltar para a mesma depressão e chatice de cada dia... E ainda se acham cheias de moral pra fazer sermão a quem não quer ouvir....

O que eu quero da vida? Que me deixem em paz.

Ideal? Eu quero é desistir.

Tô de bronca com o mundo!

Pra que ficar marcando passo na cadência da humanidade, se essa mesma humanidade anda podre, hipócrita, brigando por pedaços de papel que chamam de dinheiro e se matando pra ter mais bugigangas em casa?!

Eu desisto. Prefiro o vazio.

Eu sou o buraco negro.

Sim, tô andando feito bicho pela rua, e daí?

O que é que você tem com isso?

Grande coisa você é. Olha pro seu umbigo e vá se catar!

Você quer que eu entre nos eixos, mas nem desconfia que não sou roda nem pneu.

Está me dando lição de moral, mas não se enxerga. Dêem um espelho pra ele.

Eu não agüento essa vida.

Um lixo.

Uma porcaria!

Me deixem pelo menos sentar na beira do abismo. Por favor. Só quero sentar.

****

Aí sentei e chorei até o céu se encher de estrelas.

Fui pra casa.

Dormi e acordei no limbo da adolescência.

Mas não se preocupem, estou bem.

Não precisa esconderem os comprimidos que vocês tomam todos os dias pra não ficarem como eu. Me aconteceu só ontem, ainda assim porque deixei que falasse tudo que andava engasgado dentro de mim.

Agora tô mais leve.

Descobri que depois da tempestade vem o mais lindo dia de sol.

Estou numa boa.

Eu quero viver.

Eu quero amar

Eu quero ser alguém..

Eu quero ser feliz.

PS: Não conte pra ninguém que ontem rezei muito a Deus e ele me devolveu a vida.

SE EU SOU **ADULTO**?

Quando querem me prender em casa,
mandar em mim,
determinar horários,
aviso que sou adulto.

Mas não tenho muita certeza.

De qualquer maneira, não sou adulto como querem que seja um adulto.

O adulto – segundo a idéia dos próprios - é aquele que sabe para quê estuda, que tem metas na vida, que busca uma profissão, que já trabalha e guarda seu dinheiro, que está adquirindo coisas para quando casar, que põe ordem no quarto e no ambiente de trabalho, que quer computador e internet para seus negócios, que namora sério, que freqüenta clubes, que tem definição política...

O adulto é o projeto que já está se realizando.

Eles dizem que o adolescente é a maquete, um adulto em maquete. Prontinho, delineado, com todos os contornos e detalhes. É isso que vai acontecer com este adolescente – proclamam eles.

Os pais, a escola, os mestres, os psicólogos - eles montaram a maquete.

Não sou adulto em miniatura e nem sou maquete.

Não sei o que sou....... e pronto.

Se quiserem chamar-me de Distraído, tudo bem.

Por que deixo as roupas jogadas por aí? Por que esqueci o horário? Por que saí sem avisar? Por que visto a camisa por cima do casaco? Por que esqueço o computador ligado? Por que jogo a roupa na cama e me penduro no cabide?

Sou Distraído, ora.

Pra falar a verdade,
sou apenas a vírgula, não estou antes e nem depois.

Já repararam que o adolescente não está lá nem cá,
é um ponto em branco num papel branco?

Será que a adolescência não é apenas um intervalo?

Às vezes me sinto apenas intervalo. Entre o primeiro e o segundo tempo.

Desculpe, não consigo pensar muito,
porque, neste momento,
a cabeça está de férias.

Daqui a pouquinho,
logo após essa fase,
é que a gente
começa a viver.

Repare só:

nós estamos indo à escola,
mas não escolhemos a profissão;
fazemos experiências sexuais
mas não fazemos A escolha;
queremos gastar dinheiro,
mas não pensamos em ganhar dinheiro.

Adolescência, idade
de deixar pra depois.
Intervalo.

Quando começamos
a pensar as coisas,
definir rumos,
organizar a vida,
escolher o quê,
já estamos deixando de ser adolescentes.

Pois é, será que é assim mesmo?

Ou estou ficando biruta?

Eu vejo adolescentes com a cabecinha no lugar, sabem o que querem, e fico pensando se estou fora de órbita.

Parece que saem do pacote da infância, entram no pacote da adolescência e tudo bem. De vez em quando, uma bronquinha, pra não perder o embalo, mas tudo volta aos conformes.

Confesso que também eu muitas vezes entro no pacote: sigo as orientações, faço o que é para ser feito, me esforço para ser educado e coisaetal.

O caso é saber o que se passa lá dentro, no porão do inconsciente.

Quando a gente AGÜENTA a adolescência, não está empurrando os conflitos pro fundo do porão?

Será que o pacote não vai se romper mais tarde sob algumas formas de medos, dependência, tiques nervosos, condutas de infelicidade?

Solução:

"Viver, sentir e amar a adolescência".

"Analisar-me intimamente
e procurar ser a flor e
não o espinho".

Chega de papo, que não sou filósofo, nem psicólogo e nem ólogo nenhum. Sou apenas um adolescente metido a facão sem cabo. E ponto.

Eles Gozam Da Nossa Cara

Dia desses, a professora
me chamou de **Aborrecente**.
Ontem de noite
algumas mulheres estavam conversando
sobre adolescência
e uma senhora disse
que era a **Idade do Armário**.

As outras ficaram surpresas e perguntaram por quê.

\- Porque é a idade
de botar o adolescente
no armário
e só retirar
quando passar essa fase.

Deixa que façam gozação. Finjo que não gosto, mas acho engraçado.

E se pudéssemos fechar os adultos no armário durante a nossa adolescência?

Ninguém é perfeito.

Penso que cada idade tem seu valor próprio.

E ninguém é uma ilha. Nós precisamos dos adultos e eles precisam de nós.

Numa floresta não existem somente troncos gigantes, mas também plantas em crescimento, arbustos, árvores jovens e é isso que faz a perfeição ecológica.

Que seria do amarelo se só existisse o azul?

Nós, adolescentes, temos muito que aprender dos que já atravessaram esse mar.

Mas eles também têm muito que aprender de nós.

Aprender o quê?

Explico: eles estão lá em cima e não percebem muito bem as mudanças que estão acontecendo.

Eles caminham num mundo já feito, segundo um modelo pronto.

Nós estamos chegando

e conosco chegam as novidades em todos os campos, tipo internet, celular, clonagem, biogenética, DNA, bebê de proveta, coisas do gênero.

Eles resistem aos novos ventos; nós montamos a vida naturalmente no bojo desses ventos.

Precisam aprender de nós
que a vida tem novos hábitos,
novos valores, novas modas, novas verdades.

Se eles não se abrem
para o mundo que estamos vivendo,
podem ficar perdidos num passado
que não existe mais.

A adolescência ensina, sem ensinar,
que é preciso desestabilizar,
arriscar-se às novidades,
desfazer-se da fôrma,
porque a vida está mais à frente.

Eles têm todo direito de se escandalizar,
mas depois é bom
parar, olhar, escutar... e mudar.

Não digo que devam
ser rebeldes, impulsivos,
mal-educados,
grosseiros, impacientes,
desleixados - que isso é patrimônio passageiro do adolescente.

Até nós sabemos que
viver a vida é ser feliz.
E sabemos também que brigar,
xingar, ficar à deriva,
geram conflitos e tristeza
e não felicidade.

Entendemos isso, pois não somos burros.

Mas, apesar de tudo, muitas vezes trocamos os pés pelas mãos, por conta da nossa inexperiência e vontade de acertar sozinhos.

Não somos pedras e nem insensíveis.

Fazemos chorar, mas também choramos.

É o aprendizado da vida.

Queremos ser felizes.
Não repudiamos o que
nos passam os mais velhos.
Só não podem se julgar
donos da verdade
e os adolescentes uns idiotas
sem nada na cabeça.

Fazemos questão que digam a verdade deles, mas também que nos deixem pensar, aceitar, duvidar, experimentar o contrário.

Ouvimos e temos muito que aprender. Mas saibam os adultos que há tesouros em todas as idades.

O tempo em que mandavam e viravam as costas, já passou.

Agora queremos saber por quê acham que é assim.

No frigir dos ovos, o melhor método de convivência amistosa e solidária é o *diálogo*. Não é mesmo?

BENDITO CELULAR

Minha mãe quer segurar-me em casa?
Legal, não tem importância,
vou para o celular
e falo com o mundo.
Não querem que eu saia?
Tudo bem, trago as pessoas
para dentro de casa
pelo celular.
É por isso que o meu celular,
no fim do dia, está de língua de fora.

Eu e meus amigos e amigas somos uma corrente *celulárica*.

Ah, se o meu celular falasse!

Por ele passam todas as histórias
da mãe, do pai, da aula,
da namoradinha,
dos encontros,
do que disse aquele gatão,
aquela gatinha,
os ficantes...
E a gente fala de música,
filmes, pingentes, roupas
e o que pintar na cuca.
Quando me contam sobre um filme,
não esquecem nem o suspiro dobrado da estrela principal.

A conta do telefone vai às nuvens
e em casa ninguém quer pagá-la. Que pãodurismo!

Mas deixar de ligar pros amigos e amigas?
De jeito nenhum.

Ontem mesmo esquentei as orelhas de tanto *celularizar* para uma amiga.

Depois, fiquei meio assim: será que,
do outro lado,
a minha amiga estava a fim de me ouvir?

Às vezes quase atravesso a noite
contando e ouvindo
casos, sem pensar que posso
estar enchendo o saco e a conta telefônica dos outros.

Com certeza, os pais dele ou dela também estão de olho na conta, que dinheiro não cai do céu, dizia minha avó.

Pra falar a verdade, a verdade mesmo, se fosse espremer o que a gente fala nesses longos papos, caberia tudo num envelope de carta. É muita abobrinha.

E a hora de dormir fica pra depois. As matérias da aula também.

Concordo que deveria falar menos no celular, mas ele também é uma válvula de escape quando a coisa preteia em casa e quando eu entro numa tensão e raiva daquelas! O celular é a catarse. Falo, me queixo, desabafo... e depois... vou dormir em paz.

E A INTERNET?

Ah, é o máximo!
Que coisa boa entrar
em contato com outras pessoas,
com a patota,
com a galera desconhecida,
usar outro nome,

mentir a idade,
trocar besteiras,
dizer abobrinhas!

A internet me deu novos amigos e amigas,
alguns virtuais,
mas outros de verdade, em carne e osso.

Eu preciso de amigos.

Como já disse, nessa idade a gente transfere o eixo da vida para os amigos. E a internet é um caminho delicioso.

Claro, a internet aceita tudo,
pode-se comprar gato por lebre,
mas, que nada, eu sou eu,
sei até aonde posso ir.

Pais e professores me alertam sobre a internet, por onde correm livremente mentiras, falsidades, nomes e idades erradas, convites perigosos. Tudo bem. Lá tem pérolas e lixo. Eu sei disso.

Encontrei gente legal na internet,
mas também encontrei sacanas e pilantras.

Eu tenho que ser inteligente e esperto. Distinguir o joio do trigo.

Tive uma amiga que conheceu um rapaz pela internet, marcou encontro, transaram e ela engravidou. Foi aquele fuzuê.

Não há dúvida que
por trás de um internauta
pode estar um malandro,
um traficante,
um psicopata,
um lobo com pele de ovelha.
Já aprendi que a gente não deve ir
com tanta sede ao pote.

Agora,
tenho que dizer uma coisa muita chata: meus pais já não agüentam mais me ver horas e horas grudado na internet.

É que a internet é o mundo onde posso navegar.

Na internet, faço amizades, conheço gente, brinco, descubro coisas, digo nomes, faço o diabo e ela não rejeita nada.

O pior é que ninguém consegue
me tirar de lá. Nem eu consigo me tirar.

Prometo à mãe que desligo às 22 horas,
peço mais dez minutos,
depois mais meia horinha,
depois mais um pouquinho
e, sem perceber, já são duas horas da madrugada.

Minha mãe não dormiu

e ficou agitada por causa disso.

No dia seguinte, é aquela reclamação.

Sei que tenho que desligar,
sei que prometi de pés juntos
que sairia da internet às 22 horas,
mas fiquei fissurado nela.

O tempo passa e eu não me dou conta das horas.

Internet é a gamação do adolescente.

Minha mãe quer falar,
mas eu não quero ouvir.

Na verdade,
ela tem razão de reclamar
que não durmo o suficiente,
que estou ficando estressado,
que as notas escolares estão baixando.

Mas se ela ameaça desligar o aparelho, fico uma fera. Faço escarcéu dos diabos.

Não posso ficar sem internet. É a maneira de criar e cultivar relacionamentos.

Então,
por que não ponho limites?
Por que não negocio
um tempo xis e cumpro?
É um problema!

E não é só minha mãe que reclama.

Meus amigos e amigas
também dizem que a internet
se transformou em campo de guerra
na casa deles.

E agora, galera, que vamos fazer?

Temos que decidir: dominar a máquina ou ser dominados pela máquina.

Eu sei a resposta. Mas, como?

- Fazer uma combinação de horários com os pais, não seria o caminho?

Bom, também quero dizer outra coisa *chatíssima*:

já notou que a internet nos fez jovens sentados eternamente em berço esplêndido?

Ficamos aí amassando o bumbum o tempo todo, comendo e bebendo em cima do teclado, engordando, quase que nem porquinho de chiqueiro.

Deixamos de praticar esportes, jogar futebol, vôlei, basquete, nadar, correr na praia, praticar taicondô, taichichuan, fazer treking, caminhadas ecológicas, aventuras nas montanhas - pra ficar aí estragando os olhos e achatando a bunda na frente da internet.

Eu não queria dizer isso, mas não é verdade?

E O SERMÃO SOBRE DROGAS?

Meu pai, minha mãe, meu irmão mais velho, fazendo coro com os professores, não se cansam de falar sobre o tal perigo das drogas.

Quando lêem o jornal e recebem estatísticas sobre adolescentes drogados, entram em pânico. Começam a desconfiar da gente.

Então falam, falam,
recomendam,
alertam,
suplicam.

**E os professores explicam
que os conflitos e a insegurança da idade
são terreno fértil para cair
na conversa de viciados e traficantes.**

Os psicólogos dizem
que o adolescente busca se integrar ao grupo
e, para não ser rejeitado,
pode ceder à lábia dos iniciados na droga ou traficantes.

Esses espertos – continuam a dizer - afirmam que a maconha não faz mal, relaxa, é menos prejudicial que o álcool e o cigarro, usados pelos adultos e coisaetal.

E aí começa o caminho do inferno.

Eu sei que a maconha e as drogas não tão com nada. Não sou imbecil para ir na conversa de quem quer que seja.

Nem precisa me falarem.

Vejo com meus próprios olhos muitos casos tristes e dramáticos acontecidos com amigos e colegas.

Todo mundo diz que não se vicia,
que pode deixar a droga
na hora que quiser,
mas o que vejo é que eles
entram numa clínica,
saem da clínica,
voltam para a clínica
e esse sofrimento prossegue
como um rosário sem fim.

De repente,
alguns desaparecem,
são internados longe da cidade
e não se sabe mais deles.

Conversei com amigas e amigos viciados e todos disseram que são infelizes, não têm mais prazer e nem excitação na droga, só que não conseguem sair.

Não estou aqui para fazer sermão pra adolescente. Quem tem olhos, vê por si mesmo.

*E*u tinha um amigo que, certa vez, foi a uma festa de embalo, exagerou, não sei o que houve, caiu da janela e está enterrado no cemitério municipal, com epitáfio de saudades eternas e tudo mais.

MEUS ALTOS E BAIXOS

Com certeza acontece para você também, mas muitas vezes me sinto como balança antiga, que sobe ou desce de acordo com o peso, ou como um pêndulo que vai e vem.

Num momento, ando alegre,
faceiro, feliz,
a favor do vento;
logo adiante, sem mais nem menos,

entro em tristeza, solidão, abandono.
Saio de um dia de sol
para um dia chuvoso, dentro de mim.
De vez em quando,
vejo a vida a meu favor;
pouco depois
parece que tudo está contra mim.
Não raro, me apanho
com os olhos fixos num ponto indefinido,
sonhando o insonhável,
mergulhado no vazio,
alheio a tudo e a todos.
Em outra ocasião,
entro numa espécie de transe
e meu coração se inunda de poemas
que tecem loas de amor,
de entrega, de paraíso.
Então leio e escrevo poesias de amor
e decoro letras de canções de meus cantores favoritos.

Esta letra de música está na quarta página do meu caderno especial:

"*R*ealmente não entendo este sentimento
que me corrói por dentro;
triste, infeliz,
eu nem sei mais o que sentir.

Talvez seja do meu pensamento
esta explosão que me ocorre por dentro,
mas talvez não seja assim...

Creio que em algum lugar
existe um amor reservado para mim...
Quando eu sofro, ele sofre,
quando eu durmo, ele dorme.

Mesmo assim, não consigo entender:
por que, quando estou triste,
de repente sinto uma felicidade
dentro de mim?

Para terminar assim, quero, por fim,
descobrir meu amor único e indiscreto".

Problema mesmo é quando a instabilidade me leva ao mau humor. Me agüentem um pouquinho, porque também terei meus momentos de bondade e de alto astral.

Já me flagrei criando enorme tempestade e colocando meio mundo em polvorosa; depois reconheço que não passa de tempestade em copo de água.

Um dia, penso que posso salvar o mundo;
no outro, acho que sou um pobre coitado.

Disso tudo, saquei uma lição:
essa instabilidade emocional
faz parte das mudanças físicas,
hormonais, psicológicas
e emocionais que ocorrem na adolescência.

Portanto, amanhã é outro dia.

Coração Selvagem

Exagerei no título. Foi só para usar uma imagem forte.

Confesso que às vezes sinto
meu coração realmente como
um potro selvagem.
Uma vontade indômita de amar, amar, amar.
Um amor e uma cabana, nada mais.

Assim como o cervo sedento clama pela água e como o potro se torna inquieto enquanto não se largar campo fora, meu coração muitas vezes anseia por um amor avassalador.

O dia em que me apaixonar, vai ser um incêndio.

Mas sou tímido,
não me arrisco a me aproximar
das meninas escolhidas pelo coração.
Bem, me aproximar me aproximo,
mas assim como quem é apenas amigo e coisaetal.

Por dentro,
fico louquinho para estar sozinho com ela,
beijá-la, ficar e tudo mais.
E a coragem?
Você tem coragem de se revelar?

Quando estou longe, sonho, imagino,
até ensaio o que devo dizer a ela,
mas na hora a coisa complica.

Um amigo meu ficou apaixonado por uma garota. Parecia um bobinho de tanta faceirice. Mas também não tinha sossego. Era ciúme, telefonemas, vigilância, briguinhas, reconciliação, recados, uma loucura. Por ele, casaria no dia seguinte.

Eu lhe dizia:

- Devagar com o andor
que o santo é de barro.

Você já passou por situação semelhante?

Só sei que adolescência não é momento de namorar sério e muito menos de casar.

A gente recém começou o caminho,

os estudos, a profissão, pouco ou nenhum dinheiro. Idade verde. Muito verde.

Se você está apaixonado,
saiba que paixão é que nem
antibiótico: tem prazo de validade.

Dura apenas uns seis a dezoito meses, se tanto.

Agora, paixão de adolescente
é fogo de palha.
Não se afobe, por favor.
Deixe que seu coração
sonhe e ame. Mas sem pensar
em casamento.

Digo isto porque sei de certeza
que nós, adolescentes,
não temos condições materiais,
nem maturidade,
nem equilíbrio psicológico,
para o casamento.

Hoje, casamento é lá para os 24, 25, 26, 27 anos de idade.

Gravidez Adolescente

Eu já disse que adolescência é idade dos grandes arroubos de amor.

Os olhares se transformam em beijos,
os beijos buscam o abraço
e o abraço anseia pela transa.

O ficar pode ser um meio termo, não passar de amassamento superficial.

Você sabe que pode engravidar?

Sabe você por que ocorre a gravidez?

Eu sei.

Conheci uma menina que ficou decepcionada com sua gravidez. Alegava que tinha transado só uma vez. Como se gravidez dependesse de quantidade.

Me desculpe, mas eu tenho que dizer que a ignorância e a falta de cautela têm causado inúmeros casos de gravidez na adolescência.

É tão verdade o que estou dizendo que cerca de trinta por cento das grávidas brasileiras são adolescentes. Trinta por cento é muita coisa. Acho exagerada a estatística. Mas – como dizia meu avô – contra fatos não valem argumentos.

Antes de fazer sexo,
você precisa - obrigatoriamente – saber
porque se engravida
e como se engravida.
E deve saber como evitar a gravidez.
Camisinha e pílula anticoncepcional
são fundamentais para evitar riscos.

***

Só por curiosidade, veja esta notícia que recolhi do jornal Zero Hora, de julho de 2001:

"Pesquisa da revista médica Doctor revela que a ignorância é a maior causa de gravidez de adolescentes na Inglaterra. E a lista dos "métodos caseiros"espanta. Há jovens que acreditam ser suficiente fechar os olhos durante a transa para não engravidar. Outros métodos utilizados são: sentar-se no catálogo telefônico, beber leite durante a relação ou saltitar depois do ato".

Incrível.

***

Volto a perguntar: quando ocorre a gravidez?

Tenho amigos e amigas que me garantem:

- Comigo não vai acontecer. Eu paro na hora certa.

Será mesmo?

Tem você certeza quando vai acontecer a primeira transa? Ou já aconteceu?

***

Dizem que os maiores nadadores são os que morrem afogados. Justamente por falta de prudência.

***

Por via das dúvidas, previna-se para evitar um tranco na sua vida.

E você, garota, já foi ao ginecologista?

Não compre qualquer tipo de pílula anticoncepcional.

O tipo de anticoncepcional usado por sua amiga pode não fazer bem a você.

Vá ao ginecologista ou à ginecologista.

Ao examiná-la, o médico vai indicar-lhe o tipo mais adequado de anticoncepcional, com as dosagens mais corretas de hormônios. Atualmente a ciência está bem adiantada neste campo.

Enquanto não estiver
tudo sob controle,
evite a transa,
porque gravidez na adolescência
é transtorno da pesada.
Para você,
para seus pais,
para seus estudos, carreira
e para sua vida.

***

Olho vivo,
pra evitar bobeira!
Se não está prevenido,
ou prevenida,
não vá ao limite
máximo de tolerância,
porque a linha divisória
é muito tênue.
E parar ladeira abaixo,
não é pra
qualquer um.

***

Agora, se você está grávida, crie coragem.

Receba com amor e carinho esse ser maravilhoso.

Não tente desfazer-se dele,
porque o remorso pode corroer a sua vida.

Abra o jogo para a mãe,
ou para um familiar mais íntimo,
ou para um amigo bem amigo
e vá em frente,
mesmo que haja broncas, xingamentos, ameaças.
Depois, todos ficarão felizes
com essa maravilha que nasceu
e que será motivo de alegria e de amor
para toda a família. Combinado?

Olha, eu não sou ninguém para dar conselhos, mas me imagino nessa situação e vejo que é assim. Concorda?

POR FALAR EM *SEXO*

Falar em sexo e fazer sexo têm o sabor irresistível do fruto proibido, não é mesmo?

Perante os pais, fazemos de conta que não queremos saber nada disso.

Se a mãe ou o pai querem passar-nos instruções sexuais, temos a mania de dizer:

- Não fale nisso, senão eu saio daqui!

É engraçado, a gente adora sexo, mas não gosta que em casa falem do assunto.

Pensando nesse fenômeno esquisito,
cheguei à conclusão
de que o melhor lugar
para oferecer conhecimentos sexuais
é a escola.

A escola deveria - e muitas já o fazem – oferecer conhecimentos completos, com provas orais e escritas, sobre anatomia sexual masculina e feminina, menstruação, período fértil, gravidez, anticoncepcionais, higiene, métodos de evitar a gravidez, doenças contagiosas sexuais, aids, etc. Posso garantir que é matéria mais importante que Geografia, História e outras do currículo.

Como somos obrigados a ficar sentados na aula e somos obrigados a ouvir o que nos passam, não haveria adolescente desavisado e ignorante no assunto.

E diminuiria a enorme incidência de gravidez precoce no Brasil.

O sexo – para nós, adolescentes - é a maravilha das maravilhas.

É prazer,
é intimidade,
é aventura,
é loucura,
é a suprema excitação,
é o delírio.
É bom demais.

O adolescente, por força da idade, está despertando explosivamente para essa realidade, então enche a cabeça de fantasias e de transas imaginárias.

Tem adolescente que só pensa naquilo.

Quando olha uma guria, começa logo a despi-la mentalmente.

Nós ficamos doidos por uma transa, mas, ao mesmo tempo, temos medo de partir pra ela. Medo de ser rejeitado, de não ser correspondido, de falhar, de não ter bom desempenho, medo de pegar doença, de engravidar, até medo de ser descoberto.

Sexo é a rosa
e o espinho
ao mesmo tempo.

De uma coisa, no entanto,
me conscientizei:
o sexo foi criado por Deus,
por isso é essencialmente bom.
Bom? Super-ótimo é que é!
Não tenho nenhum
complexo de culpa.
Nem me falem em pecado,
que Deus não cria pecados
e nem erros.

O fundamental da transa
é que haja interação afetiva
entre as duas pessoas
e que ambas sintam
o prazer do momento,
mesmo que seja
o primeiro e o último encontro.

***

Quando a gente começa a transar?

Cada qual, cada qual.

Eu tenho uma verdade, você tem outra, cada um tem seu modo de pensar.

Também depende da crença de cada qual.

Duas coisas

acredito que temos em comum: primeira, que sexo é algo saudável e maravilhoso;

segunda,

que o momento deve ser especial,

desejado por ambos,

bem curtido,

em ótima interação de energias,

impregnado de afeto

e não às pressas, em qualquer canto, em qualquer banco, com recorde de velocidade. Sexo não é competição de fórmula um.

Claro, às vezes uma transa em lugar perigoso traz um sabor especial, adrenalina no mais. Mas perde em qualidade. Em requinte.

Em todo caso,
aconteça o que acontecer e como acontecer,
o importante é sempre
recolher lições positivas da experiência.

QUANDO O ESTRESSE NOS PEGA

O adolescente, eu, você, também podemos estar sob tensões fortes e prolongadas.

Ainda mais levando-se em conta
que a nossa idade é instável,
um tanto ansiosa
e, de certa forma, conflitante.

Eu, por exemplo, andei
estressado
por uma soma
de situações comuns
à nossa idade:
relacionamento
com os pais,
preocupação
com as notas escolares,
acidente de carro,
desentendimento

por causa da internet, conflitos relacionados com desejo de ir a festas de amigos e danceterias, sono curto por causa do horário das aulas, insônia com alguma freqüência, namoro desfeito, morte de uma pessoa da família, crise no casamento dos pais.

Não cheguei a adoecer, mas percebi que devia vencer a ansiedade e pensar positivamente. Não adianta bater de frente contra muralhas. Procurei relaxar, dormir mais e melhor, caminhar bastante, fazer exercícios,
esportes,
lazer,
caminhadas.
Comprei um CD de Relax. Me ajudou.
Também aumentei as horas de sono, porque me ensinaram que o sono é a terapia de Deus.

Decidi
levar a vida em casa
de forma mais esportiva,
mais alegre,
sendo tolerante
e não esquentando a cabeça.
Deu certo.

ENTREI EM DEPRESSÃO

Você acha que adolescente pode ter depressão?
Acha? Eu também, por experiência própria.

Quando aconteceram as mudanças mais fortes desta idade,
a resistência se tornou maior em casa
e essas tensões foram se acumulando em mim cada vez mais e mais.

Também, me desentendi com a amiga do meu coração, nos deixamos, e aí a casa desabou.

Por coincidência – não é bem coincidência mas conseqüência - minhas notas escolares também desabaram, porque não conseguia prestar atenção na aula.

Uma tristeza começou a me invadir como se fosse aquela garoa chata de inverno.

Além de ir dormir tarde, por causa da internet, não pegava logo no sono e isso foi me desmontando.

Andava mais irritadiço que porco-espinho. Muito sensível.

Até chorão eu estava.

Minha mãe, que tudo observa, me aconselhou um psicólogo.

Respondi que não estava louco.

A orientadora da classe me explicou que não se vai ao psicólogo porque a cabeça não funciona. Vai-se buscar alguém entendido em situações humanas, depressão, conflitos, questões referentes à cada idade, enfim alguém de fora da casa, que possa ouvir com isenção, compreender, compartilhar, dialogar e sugerir caminhos.

A mãe, o pai, os irmãos, os amigos, podem ser ótimos conselheiros e saberem o diagnóstico e a solução, mas santo de casa não faz milagre, diz o ditado.

Um psicólogo, ou psicóloga, analista, conselheiro de fora dos domínios da família, às vezes é mais conveniente, porque a gente pode dizer o que quiser, contar o que está machucando e ninguém ficará sabendo.

Como não freqüenta a casa, ninguém corre o risco de ficar constrangido.

Muitas vezes, a gente tem algo entalado na garganta e não confia em ninguém para descarregar.

Se vai contar aos outros, por mais amigos que sejam fica o medo de que fofoqueiem com colegas.

Se a gente vai deixando, acaba se isolando, perdendo o estímulo de viver, criando idéia fixa, achando que não tem saída **e aí é onde............mora o perigo.**

A tempestade se torna furacão.

Então vem a necessidade de psiquiatra, com tratamento mais forte, na base de químicos.

Quando a água bate no pescoço, não espere que a mãe convide você a ir a um psicólogo. Peça você mesmo. Seus pais vão concordar, porque, acima de tudo, querem seu bem e sua felicidade.

Isto foi o que a orientadora me disse. Fiquei pensando e achei que ela tinha razão. Fui a um psicólogo e não gostei. Passei para outro, que é ótimo.

A gente precisa que o psicólogo ou psicóloga seja de inteira confiança e agrado.

Deve **haver empatia e simpatia**, senão a coisa fica burocrática. Difícil. Desagradável. Sem atrativo.

O bom do psicólogo é que a gente tem alguém especial a quem desabafar, reclamar, criticar, se queixar do pai, da mãe, do irmão, da professora.

É bom a gente poder explodir, falar sobre desmandos e injustiças adultas sem ser rebatido na mesma moeda.

Não raro, há medos e dificuldades sexuais, coisas que a gente queria saber e não tem coragem de contar nem a um anjo enviado do céu. Pois o psicólogo é a pessoa certa, porque é amigo e, ao mesmo tempo neutro, não há razão de a gente se envergonhar.

Agora, se você não consegue se abrir com o seu psicólogo, nem depois de algumas sessões, mude para outro. Claro. Você não está cumprindo um ritual, mas encontrando um coração que compreenda sua situação e uma inteligência que o ajude a encontrar caminhos.

Para mim, foi um santo remédio.

Já não vou mais ao psicólogo com datas e horários prefixados. Não preciso mais.

Vou se algum dia qualquer eu sentir necessidade.

Aprendi que não é bom o adolescente ficar remoendo consigo mesmo um problema pesado e traumático. Pode desabar.

O melhor é destrancá-lo de vez.

O confidente pode ser um amigo de boa cabeça, a mãe, o pai, um irmão ou irmã, como pode ser um psicólogo, um orientador escolar, um psicanalista, um psiquiatra.

Há quem prefira um padre amigo ou um pastor da sua igreja. Depende do íntimo de cada um.

Aprendi que só existe o problema porque existe a solução. Tudo tem solução, meu amigo, minha amiga.

IR À IGREJA *EU?!*

Meus pais foram tanto à igreja comigo, quando eu era pequeno, que tenho estoque de reza para muitos anos.

Achava muito chato ir à igreja. A gente não podia fazer nada, que vinha aquele... *psiu!*

De pequeno, o que mais queria era correr pelo corredor da igreja, atravessar os bancos, espiar atrás do altar, perguntar porque o padre levantava aquele copo de vinho, coisas assim.

Mas aquele... *psiu desgraçado* não parava de soar nos meus ouvidos.

O martírio, no entanto, era ter que ouvir os sermões e aquelas orações que não terminavam nunca.

Ir à igreja era um suplício.

Quando cresci e fiquei adolescente, uma das primeiras coisas que fiz foi dispensar a igreja. Ficar dormindo aos domingos era muito melhor.

Meus pais ficaram abalados.

Não podiam compreender o que estava acontecendo comigo.

Eles eram fiéis devotos, iam à igreja todos os domingos e em dias de culto especial.

Sempre me levavam,
para me acostumar na religião.

E não é que este filho saiu ao avesso?!

Eu me questionava muito. Por que ir à igreja? Por que assistir missa todos os domingos? Por que ouvir sermões do arco da velha? Por que rezar o terço? Por que cantar aqueles cantos do tempo do onça? Por que ficar ajoelhado naqueles bancos torturantes?

Não havia nada que me atraísse à igreja.

Além de tudo, meu subconsciente reagia contra, lembrando os tempos de pequeno.

Nem essa história de pecado mortal, inferno, diabos, me assustava.

Eu não conseguia imaginar que Deus estivesse confinado a uma construção de duas torres.

Do jeito que meus pais praticavam a religião,
parecia que,
pra a gente ter uma audiência especial com Deus,
tinha que sair de casa,
ir até aquele prédio diferente,
ajoelhar num banco duro,
rezar o que o povo rezava,
cantar o que o povo cantava,
ouvir a prédica,
confessar e comungar
e voltar pra casa. Pronto,
tudo estava cumprido.
Nada mais a reclamar.
Deus estava satisfeito.

Feito isto, a gente podia continuar fazendo o que sempre fez e praticar o que quiser,
porque a hora de Deus
era domingo às dez da manhã.

*E*u acredito que Deus
está em mim,
no azul do céu,
nas areias, na terra,
nas árvores,
nos rios e mares e lagos,
nas montanhas,
nos animais, nas pessoas, em tudo.

A natureza é a mais linda e perfeita igreja.Em qualquer lugar, eu sou uno com Deus.

Rezar palavras decoradas ou ler textos de livros, me parece papagaiada. Desculpe, não me leve muito a sério.

Minha reza vem do meu pensamento.

Digo a Deus o que estou sentindo.

Peço o que preciso e espero a sua resposta silenciosamente.

Tenho ouvido coisas lindas de Deus.

Nas horas difíceis, nunca negou fogo.

Você também é adolescente. Tem muitos momentos de solidão, desamparo, ansiedades, como eu.

***

Quero dizer-lhe em segredo, às escondidas, não fale pra ninguém: quando tiver necessidade ou vontade, concentre-se em Deus e diga o que pensa e sente. Depois me conte.

***

De repente, esqueça o que falei sobre a igreja, entre numa, sente lá no escurinho e converse com Deus. Pode acontecer o que você nunca imaginou.

Paro aqui, senão você vai dizer que eu também estou fazendo sermão.

Em tempo: se você gosta
de freqüentar a igreja,
de estar em comunhão com outras pessoas
naquele lugar,
se sai da igreja mais feliz
do que quando entrou,
continue.
Nada contra.
Tudo a favor.
Cada um, cada um.

AS AULAS, QUE *SACO!*

Quem é que inventou as aulas? Me traga aqui, que quero dar-lhe uma porrada no lombo.

Ir à aula, que ritual mais murrinha!

De manhã, o desgraçado do despertador me arranca os ouvidos de tanto gritar. Aí vem minha mãe completar a operação "levantar".

Fico deitado mais um pouco e mais um pouco e mais um pouquinho.

Quando me dou conta,
está quase na hora da aula,
então me arrumo de qualquer jeito
e saio como um foguete para o colégio.

Sem o café da manhã.

Esquecendo alguns livros.

Quando será que vou tomar jeito?

Se eu levantasse na hora em que o tresloucado despertador buzina, teria tempo de me aprontar, tomar café, colocar os livros certos na bolsa e ainda chegar a tempo de bater um papo com os colegas.

Minha mãe se queixa. Com razão.
Meu pai se queixa. Com razão.
Eu também me queixo. Com razão.
Meto a culpa nessa tal de adolescência.

Não sei se as pesquisas dizem que adolescente gosta de estudar. Eu não tô nessa. Mas preciso.

Minha mãe diz que
se não subo esses degraus,
não chegarei onde quero.
Vá que seja.

Tem cada matéria escolar, que acho que nunca necessitarei nem aqui nem debaixo da água. Pura frescura. É uma sessão de tortura mental.

Mas não adianta, esse caminho das pedras também é importante pra chegar lá.

Os outros conseguiram, também conseguirei.

Então, haja boa vontade.

E *vamos* à aula, certo?

Estudar Como?

Tudo bem, me convenceram que devo estudar.

Sento naquele velho banco escolar, me espreguiço, espanto o sono e sintonizo a professora.

Epa, desculpem, já estou pensando na garota que me mandou aquele sorriso convidativo ontem de manhã.

Volto à professora. Que vozinha! O vestido está um tanto cafona. Mas o que eu tenho a ver com isso?

Retorno ao assunto da aula e vejo que a professora se
esbalda para fazer entrar a matéria na nossa cabeça oca.

Lecionar para adolescente, haverá tormento maior?!

Garanto que as professoras, todas as manhãs, se dirigem a Deus, implorando: "Meu Deus, faça que pelo menos no céu não tenha nenhum adolescente desleixado".

Bom, em casa o sonho mais impossível da minha mãe é me ver sentado diante dos livros em estudo profundo. É que eu tenho uma certa deficiência mental: confundo estudo profundo com sono profundo.

Mas tento estudar, porque meu pai diz que não está pagando colégio para ver o filho ser um vagabundo de orelha comprida.

Operação Estudo

Há muito custo despejo os livros naquela mesinha, a famosa mesinha TopaTudo,
vou até a geladeira cavar alguma coisa,
ponho do lado dos livros para me recompensar de tanto sacrifício
e começo a rever a matéria.

Aí, toca o celular.

"Oi, tudo bem? Não, não estou fazendo nada, nada de importante. Não me diga! É mesmo?! Olha, nem sei o que dizer. Não esquenta a cabeça. Não, hoje não me encontrei com ela.

Perguntou por mim?! Mesmo?! Eu não acredito. Não, não fui. Ah, é? Que legal.....”

Terminado o papo mais importante e mais idiota da face da terra, volto aos livros.

- Matemática. Quem é que inventou a matemática? Não tinha outra coisa pra fazer?! Seria melhor que fosse pentear urubu até ficar branco!

Procuro as anotações no caderno. Não tinha escrito nada. *Me esqueci de me lembrar*. Só tinha um recadinho da garota que ficou comigo na semana passada.

- *Ah, essa loira, como beija legal! Quase chegamos. Mas é perigoso. Ficou naquilo.*

Bah, os livros escancarados na mesa
já estão me xingando.
Mas, primeiro,
um retorno à geladeira,
que ninguém é de ferro.
Bem que minha mãe me acusou que estou engordando. Não mesmo. As calças ainda cabem em mim.

Para encurtar a conversa, consegui preparar a matéria. Mas foi um parto de elefante.

Na época dos exames,
a cobrança em casa beira o suplício.
Na verdade, eles têm razão.
Meu trabalho maior é estudar.
Se não faço isso, então... resta pastar no campo.

Descobri que a gente
estuda melhor longe do computador,
longe do celular
e numa hora de boa disposição.
Para mim é às três da tarde.
Relaxo.
Solto-me bem.
Mergulho de cabeça no estudo.
Outra descoberta deste método:
aprendo mais rápido.
Depois que estudei,
tenho mais prazer de ir à aula.
Notei que,
quando não fiz a lição de casa
e nada sei sobre as matérias do dia,

não tenho vontade de ir à aula.
É um pesadelo, com complexo de culpa.

Mas amanhã é outro dia – assim penso nesses casos.

E prometo que vou estudar.

A MESADA ESTÁ *ENCOLHENDO*

Socorro!
Onde está minha mesada?!
Cada mês sobram mais dias na minha mesada.

Tempos atrás,
o dinheiro que recebia dava para o mês inteiro e ainda sobravam uns troquinhos.

Agora, a vaca tá cada vez mais seca.

A mesada está encolhendo.

Não é que a mesada esteja diminuindo, não é bem isto, é que os gastos são maiores e quando chega a terceira semana, acabou-se a verba do mês.

Minha mãe pede que eu saiba administrar o dinheiro e meu pai quer que eu aperte o cinto.

Pense comigo: como é que posso chegar ao fim do mês com dinheiro
se tenho que pagar
telefonemas, lanches,
cinema,
aluguel de fitas de vídeo,
futebol,
danceterias de sábado à noite,
algum jantar extra,
presentes de aniversário de colegas,
cedês favoritos que são lançados,
alguma revista especial,
raros livros,
guloseimas,
chocolate?

Estou tentando provar a necessidade de aumento da mesada, mas em casa já avisaram que o salário não subiu, logo cada um se arranje como pode.

Minha mãe me mostra que a finalidade educativa da mesada é fazer com que eu saiba administrar o dinheiro dentro das possibilidades.

\- *Se você não souber administrar*
a mesada para que caiba dentro do mês,
também não saberá administrar,
um dia, o seu salário.
Não faça que nem os desavisados
que gastam tudo na primeira semana
e depois ficam chupando o dedo.

Estou tentando ajustar o dinheiro para que caiba nos
trinta dias, mas a coisa está mais pra urubu do que pra colibri.

Aprendi a lição que devo deixar uma sobra em
estoque para os últimos dias do mês porque às vezes surge um imprevisto, um programa imperdível e, sem dinheiro, perco a oportunidade.

É um verdadeiro exercício de
economia, mas também – reconheço – um aprendizado daqueles.

MINHA CASA É UM ZOOLÓGICO

Ontem me disseram na escola que nós vivemos cinqüenta por cento da vida em casa, por isso todos devem contribuir para que seja um ambiente alegre, agradável, saudável e feliz. Caso contrário, cinqüenta por cento da vida está perdido.

Tudo muito bonito, mas combinar a mentalidade das pessoas que formam o nosso zoológico privativo, aí é que a porca torce o rabo.

Meu pai vive empertigado, nariz empinado como se fosse o rei da porangada. Fala como Presidente da República. Manda e não pede. Fuma e não deixa fumar. Bebe e não deixa beber. Não tem paciência conosco e às vezes é grosseiro com minha mãe. Minha mãe aceita, alegando que são os compromissos que deixam ele assim.

Pois é, não pode ser mais gentil, despreocupado e bem-disposto conosco porque precisa sair cedo para o negócio, passar o dia todo naquela correria, enfrentar estresse, batalhar pelo dinheiro e gastar toda a paciência com os clientes chatos.

Aí, quando ele chega em casa, os níveis de boa vontade estão a zero. E nós pagamos o pato.

Minha conclusão: a mãe, eu, meus irmãos, ficamos, na ordem dos valores, em segundo ou terceiro lugar.

Minha mãe diz que ele é nervoso, por isso devemos compreender. Nervoso uma pinóia. O que precisa é saber que nós somos mais importantes que toda essa paranóia dos negócios.

Quando foi que nos convidou para uma pescaria, umas férias na praia, um dia na montanha, um fim de semana num hotel-fazenda?

- Não dá, não tenho tempo, não tenho dinheiro.

Durma com essa barulho.

Minha mãe, o que vou dizer. É bastante submissa,
aceita tudo, mas depois se faz de vítima, achando-se a última dos mortais.

Está deprimida, toma remédios, se agüenta como pode.

E o pior é que se incomoda comigo, porque não sou o que ela queria que eu fosse.

Meu irmão mais velho sai quando quer,
usa e abusa do carro do meu pai,
tem seus rompantes
e briga comigo porque debocho dele.

Minha irmã tem sete anos, é muito querida, pendurada na mãe, gosta de mim e me pede para levá-la ao parque. Adoro fazer as vontades dela. É tão mimosa. No mês passado deixei de ir a uma festa só pra guardar dinheiro a fim de comprar a boneca que ela tanto queria. Não é pra qualquer um que faço esse sacrifício.

E aí, é só eu que tenho que mudar?

A paz e a alegria da casa dependem só de mim?

Concordo que a casa devia ser um lugar bacana, massa, trilegal, onde todas as paredes deveriam estar impregnadas de risos e bom humor.

Mas todos têm que entender que não é só o adolescente - eu - que deve mudar.
Todos precisam.
Todinhos.

Meu pai deveria ir a um psicólogo ou se conscientizar de que deve deixar os problemas dos negócios na loja e chegar em casa com a mente desarmada, ser um garotão alegre, brincalhão, descontraído, amigo de todos.

A casa não é um campo de batalha, mas um mundo gostoso de viver.

Minha mãe deve saber assumir sua personalidade, ser ela mesma, levantar seus ideais, fazer alguma coisa que a entusiasme e reconhecer que só ela pode fazer-se feliz.

Ao invés de ficar acomodada, refugiada nos remédios, vá caminhar, pegar sol, ler livros positivos, freqüentar alguma academia, realizar algum sonho maluco.

Vá para o espelho, melhore a cara
e sorria, sorria, sorria
até não parar mais.
Cara lavada e deprimida
é a pior imagem que alguém pode oferecer.

A melhor contribuição que alguém da família pode dar aos demais é.... **ser feliz.**

Mas, e eu?

Sim, tenho que falar de mim, que só cobrar dos outros é covardia.

Não é simples me avaliar. Por mim, diria que sou um santo. Um anjinho sem asas. O super-sumo da goiabada.

Brincadeiras à parte, reconheço que tumultuo demais a vida em casa.

Meu temperamento e mais as coisas da idade acabam me perturbando e eu perturbando todo mundo.

Mas também não sou retardado, por isso vou me empenhar em ser alegre, comunicativo, respeitoso, tolerante.

Vou abandonar essa mania de ser o reformador da humanidade.

Cada qual é o que é.

Viverei e deixarei os outros viverem.

Quero ser mais generoso.

Que me custa fazer pequenas gentilezas ao pai, à mãe, ao mano, à maninha?

Agora o mais difícil: vou entrar em acordo sobre as horas de internet. E PROMETO CUMPRIR, nem que custe o meu sangue. Depois me acostumo.

Prometo levantar na hora em que o despertador - aquele desmancha-prazeres - der a buzinada do despertar.

Vou maneirar o celular, porque a conta é motivo de bronca.

E, nas saídas, levarei o celular para contatos. Prometo voltar na hora estipulada.

Será que cumpro?

Dizem que quando a oferta é demais o santo desconfia.

Se é para a gente se dar bem e ser feliz em casa, faço a minha parte.

ELES FALAM EM PERIGOS

Eu sou metido a valente.

Não temo perigos.

Saio à noite, sou facilitão, arrisco a pele.

Já me meti em enrascada.

Mas, graças a Deus, me dei bem.

Minha mãe fica em sobressaltos.

Ela tem certeza que nenhum adolescente tem juízo e me pede muito cuidado, muito cuidado, que a vida anda violenta demais.

De fato, já vi coisas de arrepiar.

Procuro escolher bem os amigos,
para sair à noite, porque,
basta ter um boi corneta, um brigão,
e a coisa pode degringolar.

Tem gente, na noite,
que anda drogada,
fora de órbita,
doida pra dar tiro,
puxar a faca,
apelar pra ignorância.

Esses caras são um perigo, sei disso.

Minha mãe pede que evite más companhias,
não volte tarde,
tenha sempre o celular ligado
e diga onde estou.
Ou, pelo menos, atenda ao telefone
quando ela ligar.

Meu irmão mais velho me recomenda muito
para que não me meta com gente da pesada,
escolha os amigos em que possa confiar.

E diz que se divertir à borda do precipício
é estupidez.

Escapa, uma, duas, vinte vezes, mas, numa dessas, entra pelo cano.

E aí não adianta chorar a desgraça feita – diz ele.

Ser inteligente é saber evitar – insiste.

Seguidamente penso que tenho
muita vida pela frente

e não devo querer tudo num dia,
que daí pode dar zebra.

E volta o assunto das drogas, da gravidez, da aids, da violência. Sempre a mesma vitrola.

Sei tudo isso. Prometo não ser burro.

O QUE QUERO *SER?*

Você me pergunta o que quero ser? Que Faculdade vou fazer?

Não sei.
Ainda não sei.
Não me decidi.
Já falei que adolescência é intervalo.
A gente tem vontade de tudo,
mas não tem certeza de nada.
Só sei que vou seguir em frente com os estudos.

Não sei, de momento, que rumo tomar.

Como posso adiar a decisão, vou deixando.

Quanto mais demoro para decidir o que quero,
mais chance de acertar eu tenho.

Vou conversar comigo mesmo, para descobrir minhas tendências e aptidões.

Também conversarei com pessoa especializada em análise pessoal para ouvir a opinião.

Vou ler algo sobre profissões.

De uma coisa estou certo: quero seguir o caminho que gosto.

Vejo muita gente procurar Faculdade
que promete mais dinheiro,
que tem mais prestígio,
que confere mais status.

Uma colega me perguntou, outro dia:

- Qual é a Faculdade mais charmosa?

Passar a vida trabalhando naquilo que não dá prazer, já pensou que chatice?!

Ter que levantar cada manhã e sair para a profissão que não gosta, deve ser o pior heroísmo que se possa imaginar!

Ainda não escolhi, porque quero escolher com mais maturidade.

Oba! Falei difícil.

ENGORDANDO? EU?!

Se existe observação mais miserável é dizer para um adolescente que está gordo.

Dizer isso para uma menina, então, é o supremo agravo.

- **Gorda é tua avó** – responderá ela de nariz
empinado e dedo em riste.

Se alguém tiver a ousadia de usar a palavra obeso, obesa, Deus o livre, é pedir pra levar.

É que o padrão atual de beleza, elegância e estética, é a magreza, corpo delgado.

As artistas que desfilam na televisão são o protótipo.

Não se encontra uma gorda nem por encomenda. Todas chupadas, retilíneas, espremidas.

Podem até não desempenhar bem o papel na novela, mas a magreza salva tudo.

Magreza e beleza.

Inteligência, não tanto.

Estou exagerando?

E as modelos, você já viu? Parece que comem vento.

Nós, do sexo masculino,
até nem somos exigidos fortemente,
mas há uma tendência generalizada
em manter a linha.

Gordo nem nome tem, sabia?

Veja lá no colégio:

- Chama o Gordo, pede pro Gordo, avisa o Gordo,

diga pro Gordo jogar de goleiro.

Ele não é gente, é o gordo.

Que maldade!

Bom, quem não quer passar por essas e outras, trate de manter a forma.

Você é guria? Olha, as boazudas são aquelas que esbanjam a forma clássica.

Corpo esbelto, beleza e charme, minha nossa!

Não se deprima, se não tem perfil de artista. Pegue uma academia e mande brasa. Ou use o poder da mente. Ou então apele pro milagre. Ou esqueça o espelho.

Quer ter corpo esbelto?

Não precisa passar fome.

Aliás, dizem os entendidos que quem emagrece rápido, engorda rápido.

É o tratamento iô-iô.

Faça uma dieta saudável.

Caminhe.
Academia.
Malhe.
Esportes.
Não entre nessa fria
das anfetaminas
para emagrecer.
Além de não emagrecer,
ficará viciada
e, num segundo momento,
engordará mais ainda.

Por fim, se adora ser rechonchudinha, vá em frente, que gosto é gosto. Até o Roberto Carlos fez uma canção para as gordinhas.

Mas não diga que quer ser assim e ninguém tem nada a ver com isso, se, na verdade, se sente mal com esse corpo. Tenha brio, vá para a malhação, corte as comilanças e verá seu corpo esbanjar elegância.

Faça tudo que é necessário para gostar de si.

Você é seu tesouro. Cuide dele com carinho.

Mas jamais estrague a saúde por causa de métodos de emagrecimento.

***

Se a coisa está difícil, sorria com essa frase: "Por que será que tudo que é bom ou engorda ou é pecado?"

***

Desculpe, estava falando de mim e acabei me metendo na sua vida.

CLARO QUE COLABORO

Reconheço que sou atiradão.

É verdade que não mexo uma palha para colaborar na casa. Tenho a mania de deixar tudo esparramado, como já contei.

Se tomo café, deixo a xícara na mesa.

Se tiro um casaco, largo aí mesmo.

Se saco os tênis, meu Deus, como me xingam que soltei aquela coisa meio gosmenta no corredor.

Tudo bem, quero dizer que estou a fim de colaborar.

Em primeiro lugar,

todas as minhas coisas no lugar das minhas coisas.

Não me meto mais na área dos outros.

Em segundo,
aceito a regra número um: *Se sujou, limpe.*

Concordo com a regra número 2: *Se quebrou, conserte.*

Número 3: *Se molhou, enxugue.*

Número 4: *Se xingou, se acalme.*

Número 5: *Se errou, peça desculpa.*

Número 6: *Se não tem dinheiro, não tire dos outros, peça.*

Número 7: *Se tomou banho, deixe o banheiro como encontrou.*

Número 8: *Se está nervoso e turbulento, vá para o quarto.*

Número 9: *Se está raivoso e grosseiro, não fale.*

Número 10: *Não reclame da comida, ela é de graça.*

Número 11: *Se quer sentir-se bem em casa, faça os outros sentirem-se bem.*

Número 12: *Se quer que melhore, coopere.*

Tudo bem, assino embaixo.

TUDO BEM, EXAGEREI

Eu disse, no começo, que os adultos não sabem quase nada sobre o mundo de hoje. Que são do tempo do Ariri Pistola.

Bom, agora estou pensando com mais calma.

Claro que meus pais têm muitos conhecimentos. Inclusive são formados.

Mesmo que não fossem estudados, eles têm a escola da vida.

Ninguém passa dos quarenta anos sem saber nada.

Nesse tempo todo, eles leram milhares de jornais, milhões de textos, ouviram inúmeros noticiários, sermões e conferências. Preleções a toda hora, televisão diária, rádio sem limites, alguns livros e revistas, enfim a vida ofereceu um vasto rio de conhecimentos. Sem falar que a maturidade abre a mente das pessoas.

Está bem, não discuto.

Um dia, o professor disse o seguinte:

"Ninguém é tão ignorante
que nada tenha para dar
e ninguém é tão sábio
que nada tenha a receber".

Todo mundo é sábio, só que em assuntos diferentes.

Todo mundo é ignorante, só que em assuntos diferentes.

Conclusão: Nós, os adolescentes, temos a nossa parte a oferecer e eles, os pais, têm a parte deles a nos oferecer.

Então, ao invés de brigar, vamos dialogar.

É muito comum que haja opiniões diferentes sobre o mesmo tema.

As variedades de conceitos e opiniões, enriquecem os conhecimentos.

Ninguém está totalmente certo e ninguém está totalmente errado.

Esta compreensão já é um belo ponto de partida para a troca de idéias.

Assim é bem melhor.

LIMITES *PARA mim?*

O adolescente que existe em mim não quer limites. Liberdade total. Independência.

Mas o ser humano que existe em mim é mais ponderado. Reconhece as limitações da idade e a responsabilidade dos pais.
E aceita limites.

Quero dialogar, expor minhas razões, depois acolho os motivos do pai ou da mãe. E chegamos a um acordo justo, sincero, claro, generoso.

Parem de gritar nos meus ouvidos, que não sou surdo.

Também chega de agredir:

- Aqui em casa mando eu. Enquanto estiver vivendo

aqui, tem que me obedecer.

Isso não tá com nada. É apenas histeria.

Que haja senso de justiça e coerência.

Detesto incoerência.

Prometer uma coisa e não cumprir é um tapa na

minha cara.

Acho que agora estamos nos entendendo.

Afinal, eu não sou animal. Nem pedaço de pau.

Sou um ser humano em busca de mim mesmo.

Tenho bom coração. Bons sentimentos.

MOTIVAÇÃO NA AULA, POR FAVOR

É verdade que as professoras são boas. Claro, têm algumas que não dá para agüentar.

Não sei se não gosto da matéria porque não gosto da professora ou se não gosto da professora porque não gosto da matéria. Sei lá.

Mas o que nós precisamos é de motivação.

Professora, nos motive, nos estimule a estudar, a seguir em frente.

Mostre-nos o futuro,

aponte-nos os benefícios que virão depois.

A própria matéria que estamos estudando precisa causar interesse.

Diga, professora, a razão e o valor dessa matéria. Assinale o que o mundo ganhou com os resultados

dessa disciplina.

Misture um pouco de humanismo e algo de adolescentismo na sua preleção. E tudo bem.

Um dia a gente vai agradecer.

ELES SE *SEPARARAM*

Depois de muitos desentendimentos, meus pais se separaram.

Até que foi numa boa.Mas não gostei.

Parece que a gente perde uma metade.

Tenho a impressão de ficar mancando.

Mas o tempo acomoda os sentimentos.

Só tem uma coisa: vivo com minha mãe e não suporto que ela namore.

Fico mal-educado quando ela traz um amigo, um namorado, pra dentro de casa.

Estão invadindo a nossa privacidade.

Não me contenho, a agressividade me sobe pela cabeça.

Digo pra minha mãe que ela parece uma perua metida a adolescente. Que não se enxerga.

Realmente, torno-me mal-educado.

Depois me arrependo.

Que há comigo?

Por que quero cortar a liberdade da minha mãe, eu que brigo para ter liberdade?

Será que, no fundo, não é um medo instintivo de perder o amor de minha mãe?

Contei isso para o psicólogo e ele me disse que o amor mãe-filho jamais diminui. É o único perene, mesmo que case cinco vezes. Isso é da própria natureza, dos desígnios de Deus.

Sugeriu-me que deixasse a mãe namorar, ser livre, porque o amor dela por mim não diminuiria. Pelo contrário, ela sendo feliz, contribuiria melhor para a minha felicidade.

Concordei.

Mas fica aquela coisa dentro de mim.

Certa vez, um padre respondeu-me com uma frase de Jesus: "Não faça aos outros o que não quer que os outros façam a você".

Por que pretendo tolher a liberdade de minha mãe e de meu pai, lá do outro lado, se quero que me dêem liberdade?

Pois é. Não brigo mais.

Respeito para ser respeitado.

Não é por ter um Amor na vida que deixará de me amar.

***

Conheci uma amiga que estava de mal com o pai porque ele trouxe uma mulher para dentro de casa. Ele era viúvo. Ela não aceitou. Revoltou-se. Brigou para que ele se desfizesse dela.

Não agüentando tanto conflito, o pai mandou embora a mulher.

Tempos depois, a amiga casou e deixou o pai na mão, sozinho, sem ninguém.

***

São os absurdos de quem não consegue enxergar um palmo à frente do nariz.

ERRAR É HUMANO

Por que será que a gente tem a mania de não admitir que os outros errem?

Quanto mais próxima de nós for a pessoa, menos toleramos.

Como se a gente fosse infalível.

Quando critico
os erros da minha mãe, por exemplo,
depois me pergunto se por acaso
eu sou as "tábuas da Lei".

Não aceito os erros dos outros,
mas não admito que critiquem os meus.

Isso é incoerência.

Estou cheio de incoerências.

A pior coisa é a incoerência:
condeno nos outros
mas eu também faço.
Que idiotice!

Mas, calma, eu não sou perfeito.

Então, digo para mim mesmo: " Antes de criticar, devo primeiro olhar para mim".

Se eu for inocente, posso atirar a primeira pedra.

Não há coisa mais xarope do que querer ser o julgador da humanidade.

Aprendi a lição.

ESQUECI DE ABRAÇAR MEUS PAIS

Digo a verdade, não sei se esqueço
ou se não me parece importante
abraçar meu pai ou minha mãe
em algum dia especial para eles,
como dia do aniversário,
dia da mãe, dia do pai.

Anos atrás, eu esperava essas datas com excitação, desenhava cartão colorido, abraçava a mãe ou o pai e comia uns docinhos gostosos.

Agora me parece um pouco de cafonice essa coisa toda.

Nessas datas, fico sem graça, meio envergonhado de abraçar, não sei o que dizer.

Eu sei que eles sentem, mas fazem de conta que está tudo bem.

Acontece comigo um pensamento estranho, como se eu não precisasse mais deles. Isso é muito ruim, porque afinal devo a eles a vida.

Eu sei que eles não cuidaram de mim ao longo desses anos para esperar reconhecimento e retribuição, mas dentro de mim tem uma voz que me acusa de ingrato e mal-agradecido.

Confesso que no Dia das Mães do ano passado, vi minha mãe chorando porque eu tinha saído de casa de manhã e voltado à noite.Ela é muito sensível. Mas não me falou nada. Recordo que fui dormir triste, pela minha atitude, e não conseguia pegar no sono, então levantei e fui dar um abraço nela. Pedi desculpas. Então, adormeci.

Agora, que tenho idade mais lúcida,
por que não escrevo uma mensagem
para eles,
nesses dias especiais?

Enfim, por que não saio fora dessa carapaça?

O que custa mostrar os meus sentimentos?

Será que isso me tira pedaço?

Com certeza, não sou bicho e nem poste de luz.

Sou gente e como toda gente tenho coração.

Se não tenho dinheiro – e a mesada? – pelo menos um cartão com palavras carinhosas e agradecidas eu posso fazer.

Está bem, sem bronca, prometo que vou mudar.

Se eu fosse pai ou mãe, bem que gostaria de receber algo que significasse amor de meu filho.

Lembro que no Dia dos Namorados eu mandei um cartão bem bonito para uma menina que eu gostava muito. Então?

Oh, casualmente acabo de receber esse artigo de Lauro Trevisan, que me tocou a consciência!

Vou passá-lo a você.

Leia e me diga o que acha.

Diz assim:

"De repente, num certo momento do tempo e do espaço, eis que surge você em qualquer lugar deste planeta. Nada a ver com cegonha, nem com pé de repolho, nem com marciano, mas com duas pessoas que, atraídas por algum impulso de amor, se uniram e fizeram você. Podiam ser outras duas pessoas, melhores ou piores, vindas de outras origens, com outros nomes e sobrenomes. Mas o destino, guiado pela sabedoria transcendental do Infinito, colocou esses pais no seu caminho da vida. Claro, tudo poderia ser diferente, mas aconteceu exatamente assim e foi assim que começou a sua história, há 14, 15 ou 16 anos atrás.

Você foi crescendo, sempre acompanhado pelos mais belos sonhos dos pais. Ou apenas da mãe. Ou só do pai. Aqui não vem ao caso.

O Criador, deu, certa vez, a ordem de partida para que você existisse e aí está você.

Seus pais poderiam ter se recusado a essa missão. Mas a desejaram com tanto amor e emoção!

Agora, na adolescência, quando amadurece o seu discernimento, fica-lhe a capacidade intransferível de ser grato às duas pontas que formam o elo da sua existência: Deus e seus pais.

Você é o elo dourado dessa corrente.

É preciso que não se rompa jamais esse elo. Você pode balançar entre as instabilidades hormonais e emocionais da idade, exagerar para lá e para cá, reivindicar mais espaços e liberdade, mas nunca destrua o elo que une você com aqueles que foram e continuam sendo a razão da sua vida. Aqueles que estão a seu lado não são seres descartáveis ou inferiores. São anjos determinados por Deus e a um anjo não se agride, não se desrespeita e nem se despreza, mesmo que seja anjo da cara feia, sem asas, sem cultura, sem modernidade. Eles possuem o que ninguém jamais será capaz de oferecer-lhe nas mesmas proporções: o amor, a proteção da sua vida.

Talvez seus ídolos de barro, com nome de Cabeça-de-Bagre, Traficante-camaleão, Cabeça-oca, Desabusado-da-sociedade, se apresentem como amigos de primeira, que compreendem você, que o ajudam a se libertar da saia da mãe, que o estimulam a gazear a aula e puxar um baseado, que lhe abrem os olhos para as delícias de uma vida à toa como você merece, longe do monitoramento dos pais. É, eles estão aí para dizer-lhe que ir à igreja é caretice, conselho dos pais é baboseira, atender horários fixados em casa para estudar e para sair à noite é ser boiola. São ótimos amigos enquanto podem sugar você. Na hora da doença, da desgraça, do sofrimento, do bolso furado, somem do mapa. Ainda bem que continua na sua casa aquele anjo que ampara você, que está presente nos grandes momentos da sua vida e que ajuda você a reencontrar-se com a vida e com a felicidade.

Meu querido adolescente, querida adolescente, abra os olhos da mente e as portas do coração. Consiga dar um abraço, um beijo, um carinho, um agradecimento, um gesto de reconhecimento e de amor ao seu pai, à sua mãe, agora, hoje, cada dia, e não apenas na hora das lágrimas.

Viva a vida abrindo caminhos de libertação, de autodescoberta, de reconhecimento do mundo, mas, ao mesmo tempo, seja elo de amor, seja presença alegre e gratificante em casa.

Lembre-se da Lei do Retorno: um dia você terá filhos adolescentes.Aqui se faz, aqui se colhe. O amor, o carinho e o respeito que você der, receberá multiplicado um dia. Essa é a Lei da Vida".

ONDE ESTÁ MINHA AUTO-ESTIMA?

Reconheço que, muitas vezes, minha auto-estima se vai pelo ralo.

Acho que não sou de nada,
que os outros não gostam de mim,
que não tenho capacidade,
que não tenho charme,
que não sou inteligente.

Pobre da minha auto-estima!

De repente, começo a ficar com pena de mim.

Fico mendigando elogios,
pedindo que aumentem meu preço, que está muito baixo.

Baixa-estima e auto-estima são coisas da cabeça.

Li, outro dia, que o mundo que eu crio na mente,
é o mundo que se expressa em mim.

Dizem os entendidos
que eu sou o que penso.
Se penso que sou
uma pessoa inteligente,
alegre, feliz, capaz,
bem-sucedida,
bem-apessoada, benquista,
isto me torno.

O adolescente tem certa tendência a se desvalorizar.

Meu psicólogo me disse que, como ser humano, sou a maravilha do universo.

Pois bem, eu sou uma MARAVILHA.

Sou da dimensão do Infinito.

Tenho a divindade dentro de mim.

Eu sou grande.

Meu destino está nas minhas mãos, porque EU POSSO.

Eu sou o que me imagino, por isso minha grandeza não tem limites.

EXISTE FELICIDADE?

Quando me olho no espelho, fico em dúvida se existe a felicidade.

Pergunto se esse cara que vejo no espelho tem jeito de ser feliz.

Então, prefiro começar pelo começo, como se diz: O que é FELICIDADE?

A gente costuma buscá-la lá fora, na namoradinha, num carro, numa viagem, numa garrafa de cerveja, num vestibular passado, num elogio. Tudo isso é tão passageiro, que logo escapa das mãos.

E fico eu de novo com minha indagação: onde mora a FELICIDADE?

Tempos atrás me deram uma resposta, que fiquei pensando e achei que tinha fundamento:

"Não busque fora o que está dentro".

O sonho maior de um amigo meu era ter um carro. A realização desse sonho era a sua felicidade.

Conseguiu o carro, mas as ansiedades e os medos e as tristezas sazonais não foram embora.

Penso que estou feliz quando me sinto bem, quando em mim existe alegria, paz de espírito, tranqüilidade, bom humor, auto-estima e alto astral.

Estou feliz quando meu coração transborda de amor.

Não estão dentro essas energias?

Vou cultivar ânimo alegre, positivo, otimista,
que esse estado mental me deixa numa boa.
Não será isto FELICIDADE?

Vamos experimentar?

AFINAL DE CONTAS

Apesar de tudo, depois de tudo, no meio de tudo, estou adorando essa idade.

Ser adolescente é um tremendo barato.

Idade única.

Não pode ser desperdiçada.

Tem que ser vivida, curtida, festejada.

Ser adolescente é o desabrochar.

É o sol do amanhecer. É a incerteza abençoada do dia. É o sonho misterioso da noite.

Adolescência, momento
de descompromisso.

Pausa para experimentar a vida.

Ser adolescente é chegar no pico da montanha e contemplar o mundo ensolarado e radiante que se descortina do outro lado.

Este momento de êxtase,
esse instante contemplativo,
chama-se ADOLESCÊNCIA.

Estou muito feliz por ser adolescente e ter o privilégio de ver e sentir o que não mais é dado ao comum dos mortais.

Vou escrever esta linda página da minha vida com letras de luz e de sonhos, porque a adolescência é a própria poesia.

Que esse coração poético - coração adolescente -

continue em mim
pela vida em fora!

FIM

TEMAS ABORDADOS

Impressão:
GRÁFICA EDITORA
Pallotti IMAGEM DE QUALIDADE
SANTA MARIA - RS - FONE (55) 222.3050
Com filmes fornecidos